W9-AVM-028

3/07

¡A conducir!

de **Dana Meachen Rau**

Asesora de lectura: Nanci R. Vargus, Dra. en Ed.

3 5988 00037 0424

Marshall Cavendish
Benchmark
Nueva York

Palabras ilustradas

 autobús

 camión de bomberos

 campo

 carretera

 carro

 carros

 carros de carrera

 ciudad

 granjero

 motocicleta

 niños

 taxi

 tractor

 volquete

¡Ruun!

La tiene muchos .

4

En el 🚌 se
conduce a los 👧👧👧👧
a la escuela.

En el se conduce hacia un incendio.

El te conduce
a través de la .

A los los conducen rápidamente alrededor de la pista.

Conduce la a lo largo de una .

El conduce el por el .

Al  lo conducen por una .

En el te conducen donde quieres ir.

¡Ruun!

Palabras para aprender

carretera un camino que va de un sitio a otro

escuela un sitio donde los niños aprenden

rápidamente que se mueve con velocidad

Datos biográficos de la autora

Dana Meachen Rau es autora, editora e ilustradora. Graduada de Trinity College en Hartford, Connecticut, ha escrito más de cien libros para niños, incluyendo libros de no ficción, biografías, libros de lectura inicial y ficción histórica. Ella siempre conduce por la ciudad de Burlington, Connecticut.

Datos biográficos de la asesora de lectura

Nanci R. Vargus, Dra. en Ed., quiere que todos los niños disfruten con la lectura. Ella solía enseñar el primer grado. Ahora trabaja en la Universidad de Indianápolis. Nanci ayuda a los jóvenes para que sean maestros. A menudo, ella conduce a Cincinnati para visitar a sus nietas, Charlotte y Corinne.

Marshall Cavendish Benchmark
99 White Plains Road
Tarrytown, NY 10591-9001
www.marshallcavendish.us

Library of Congress Cataloging-in-Publication Data

Rau, Dana Meachen, 1971–
[Driving. Spanish]
¡A conducir! / edición en español de Dana Meachen Rau.
p. cm. — (Benchmark rebus)
Includes bibliographical references.
ISBN-13: 978-0-7614-2422-2 (edición en español)
ISBN-10: 0-7614-2422-9 (edición en español)
ISBN-13: 978-0-7614-2316-4 (English edition)
1. Motor vehicles—Juvenile literature. 2. Motor vehicle driving—Juvenile literature. 3. Rebuses—Juvenile literature.
I. Title. II. Series: Rau, Dana Meachen, 1971– Benchmark rebus.

TL147.R36518 2006
629.28'3—dc22
2006015878

Editora: Christine Florie
Directora editorial: Michelle Bisson
Directora de arte: Anahid Hamparian
Diseñadora de la serie: Virginia Pope

Traducción y composición gráfica en español de Victory Productions, Inc.
www.victoryprd.com

Investigación fotográfica de Connie Gardner

Las imágenes provistas para los pictogramas, exceptuando la del granjero, son cortesía de *Dorling Kindersley*.

Fotografía de la cubierta de Peter M. Fisher/*Corbis*

Los permisos de las fotografías utilizadas en este libro son cortesía de: *Corbis*: p. 2 granjero, exenta de regalías; p. 5 exenta de regalías p. 9 Patrick Bennett; p. 11 exenta deregalías; p. 15 Tim Pannell; p. 19 Raymond Gehman; *Photo Researchers*: p. 7 Richard Hutchings; *The Image Works*: p. 13 Michael Okoniewski; p. 17 Joe Sohm; *SuperStock*: p. 21 Digital Vision Ltd.

Impreso en Malasia
1 3 5 6 4 2

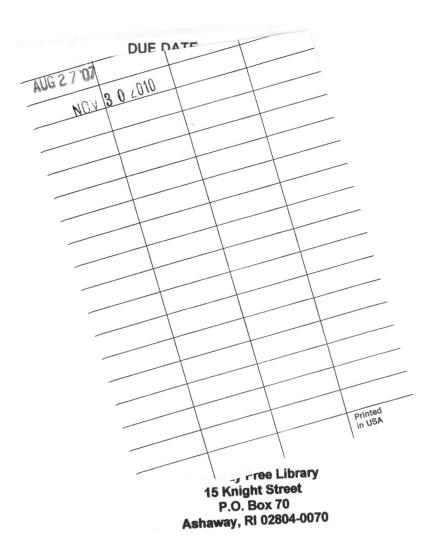